LE BIENHEUREUX

DE LA SALLE

ET SON ŒUVRE

DISCOURS

PRONONCÉ DANS L'ÉGLISE PAROISSIALE DE LA CIOTAT
LE DIMANCHE 8 JUILLET 1888
POUR LA CLOTURE DU TRIDUUM SOLENNEL
CÉLÉBRÉ EN L'HONNEUR DE LA BÉATIFICATION DU FONDATEUR
DES FRÈRES DES ÉCOLES CHRÉTIENNES

PAR

Mgr RICARD

Prélat de la Maison de Sa Sainteté

LYON

LIBRAIRIE & IMPRIMERIE VITTE & PERRUSSEL

3, place Bellecour, et rue Condé, 30

1888

LE BIENHEUREUX DE LA SALLE

ET SON ŒUVRE

LE BIENHEUREUX

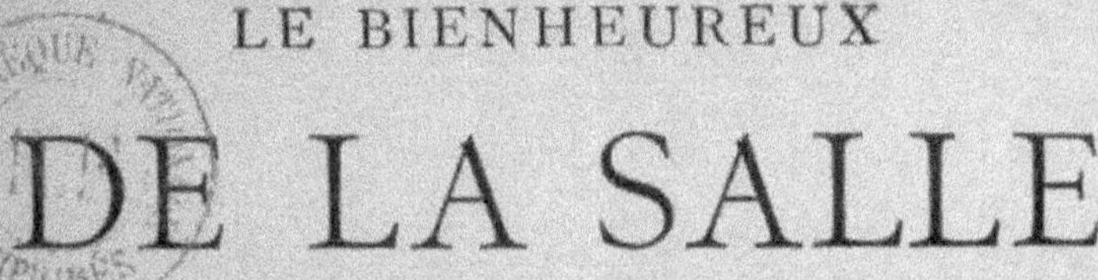

DE LA SALLE

ET SON ŒUVRE

DISCOURS

PRONONCÉ DANS L'ÉGLISE PAROISSIALE DE LA CIOTAT
LE DIMANCHE 8 JUILLET 1888
POUR LA CLOTURE DU TRIDUUM SOLENNEL
CÉLÉBRÉ EN L'HONNEUR DE LA BÉATIFICATION DU FONDATEUR
DES FRÈRES DES ÉCOLES CHRÉTIENNES

PAR

Mgr RICARD

Prélat de la Maison de Sa Sainteté

LYON

LIBRAIRIE & IMPRIMERIE VITTE & PERRUSSEL
3, place Bellecour, et rue Condé, 3o

1888

A LA MÉMOIRE DE M. BESSON

FONDATEUR DE L'ÉCOLE CHRÉTIENNE DE LA CIOTAT

AUX ANCIENS ÉLÈVES DE L'ÉCOLE

Attendite ad petram unde excisi estis
et ad cavernam laci de qua præcisi
estis.

Ne quittez pas des yeux la roche d'où
vous avez été détachés, la carrière où
vous avez été taillés.

(ISAIE. LI, I)

C'est une tradition ciotadenne que, lorsque le
vent des révolutions poussa sur ces rivages les
émigrés des côtes gênoises d'où notre cité tire sa
principale origine, avant de quitter la terre natale,
les colons, repoussés par la mère patrie, voulurent emporter avec eux quelque chose du sol
natal. Quand la barque qui les portait aborda à
leur nouvelle patrie, elle apportait, avec les émi-
grants, un bloc de marbre, tiré de ces carrières,
maintenant lointaines, où ils avaient laissé tant
de souvenirs. L'un d'eux, artiste et chrétien
comme on l'était alors, traduisant le vœu de ses
frères d'exil, tailla, dans cette pierre deux fois

sacrée pour leur piété filiale, une image de la Madone, peut-être celle-là même qu'une heureuse inspiration a placée récemment sur le porche de cette église, en face de la mer qui l'amena, du port où elle aborda au xve siècle, des collines où les exilés trouvèrent leur abri, des chantiers où s'agite cette armée industrieuse du travail où les derniers survenants des mêmes côtes italiennes trouvent chez les petits-fils de leurs devanciers l'aide et l'accueil d'une communauté d'origine.

Ce souvenir d'histoire locale ne vous semble-t-il pas utile à rappeler en cette fête, et, puisque c'est aux sources même d'une œuvre si patriotique et si chrétienne que celle dont nous célébrons joyeusement les gloires, que la sainte Eglise nous invite à remonter, en plaçant sur ses autels la pierre glorifiée d'où elle fut extraite par la main du divin ouvrier, pourquoi, à l'exemple de nos pères, n'étudierions-nous pas, avec l'amour de la piété filiale, cette même pierre, autrefois humblement jetée dans les secrets modestes des fondations qu'elle soutint en se cachant, et maintenant glorieuse devant les hommes, comme elle le fut toujours devant Dieu, à qui rien n'est caché de ce qui fait la solide grandeur?

Elèves anciens ou actuels de cet Institut que le ciseau du sculpteur divin a taillé dans la roche dont je parle, et vous, les fils de cet homme que Dieu n'a fait si grand que parce qu'il s'était fait lui-même si petit, à cette heure qui couronne une série de fêtes qui ne l'ont cédé en rien, par la ferveur et l'allégresse, aux splendides manifestations de la piété marseillaise répondant à l'appel du chef de ce diocèse, il m'a semblé que, m'inspirant d'une vieille tradition de cette ville, je répondrais à votre attente, en obéissant, comme vous, à l'appel inspiré du prophète : « Ne quittez pas des yeux la roche d'où vous avez été détachés, la carrière où vous avez été taillés. *Attendite ad petram....* »

I

Sur le point d'expirer, entouré de sa famille spirituelle, anxieuse de recueillir les derniers souffles de cette vie et les derniers accents de cette bouche vénérée, le bienheureux Jean-Baptiste de la Salle sembla ramasser en un effort suprême ses forces mourantes, pour révéler aux siens le secret de toute sa vie :

— Oui, fit-il tout à coup avec une singulière énergie d'accent, oui, j'adore en toutes choses la conduite de Dieu à mon égard !

La conduite de Dieu à son égard !.. Mes Frères, on ne pouvait mieux résumer d'un mot toute une existence, si traversée, si diverse, si étrange au regard humain. Pour qui voudra étudier d'un peu près la caractéristique de l'histoire de cet homme qui s'abandonna comme un instrument docile aux mains d'un génie plus grand que le sien, parce que c'était le génie même de Dieu, cet abandon à la conduite d'en haut est la clef de tous les mystères, répétons le mot, de toutes les étrangetés de son histoire.

Et, pourtant, ce n'était pas un esprit vulgaire que celui de votre fondateur, chers Frères des écoles chrétiennes. Plus grand que des génies bien plus renommés que le sien dans les annales des lettres françaises et dans l'histoire de l'esprit humain, il avait cette marque infaillible et rare du vrai génie, de pouvoir, par ses intuitions et ses vues sur l'avenir, devancer son siècle et dominer son temps. On le vit, lorsque, au milieu des défaillances de tant de bons esprits à son époque, il sut être romain quand tous étaient gallicans, se dégager des influences jansénistes quand les adversaires les plus déclarés de cette hérésie, « la plus perfide et la plus subtile que le diable ait jamais tissée », subissaient tous, du plus au moins, quelque chose de l'air ambiant; on le vit, à un autre point de vue, ou plutôt on le voit, lorsque, pour être à la hauteur des programmes les plus nouvellement inventés par le progrès de la pédagogie, et pour répondre aux exigences les plus imprévues de la direction imprimée à l'enseignement primaire ou spécial, il suffit aux héritiers des méthodes inventées par ce grand homme, d'appliquer les règles qu'il leur a laissées pour rester à la hauteur de toutes les exigences, sans avoir jamais à s'écarter du rôle docile de disciples vis-à-vis des leçons de leur grand instituteur.

Mais, qu'est-ce que l'homme, quand son œil a vu quelque chose du génie de Dieu? Heureux celui qui, l'ayant vu, s'est jeté dans les profondeurs de cet infini, à la façon de la goutte de pluie tombant dans l'océan pour en partager les sublimités immenses! Heureux le génie humain qui sait comprendre qu'il n'y a rien de grand comme Dieu! Heureux le génie de Jean-Baptiste de La Salle, quand, adorant la conduite de Dieu à son égard en toutes choses, il a introduit le surnaturel dans sa nature, le divin dans son existence, et a pu se présenter aux hommes et aux anges, à l'Eglise et au monde, comme l'ouvrier, que dis-je, comme l'ouvrier? comme l'instrument façonné à son gré par le sublime artiste, entre les mains de qui il s'abandonna dès le berceau pour laisser agir Dieu en lui et par lui, mais Dieu seul, Dieu toujours, Dieu partout, sans rien d'humain.

Ecoutez cette histoire :

II

Il était tout enfant, quand, au milieu d'une fête brillante donnée par sa famille, qui était noble et riche, il sentit la tristesse envahir sa jeune âme et se prit à pleurer. Sa grand'mère le vit, courut à lui, et l'enfant, tout en larmes, de se jeter dans les bras de l'aïeule attendrie, en lui disant :

— Oh ! venez donc me lire une page de la Vie des Saints !

Quel pensez-vous, mes Frères, que sera ce nouveau Jean-Baptiste ? Avait-il entendu, dans les mystérieux colloques de l'âme des enfants baptisés avec la grâce que leur a infusée le saint baptême, avait-il entendu déjà l'appel du ciel ? Avait-il pressenti cette action, alors répandue comme un instinct céleste dans les âmes touchées du doigt des grâces réservées, qui faisait écrire, presque à ce moment, à l'un des plus ardents apôtres de l'instruction populaire au xviiᵉ siècle : « Je crois qu'un prêtre qui aurait la science des saints, se ferait maître d'école, et par là se ferait canoniser. »

Eh ! oui, mes Frères, l'attrait de cet enfant pour la Vie des Saints est une prophétie. Dieu le pousse

à acquérir la science des saints, parce qu'il veut
en faire un prêtre et un maître d'école, et par là
le conduire aux autels où nous le vénérons aujour-
d'hui.

Cet instinct le porta à solliciter, comme un
honneur incomparable, ces fonctions que le zèle
de ses futurs disciples fera plus tard traiter avec
honneur et avec foi par des milliers de petits imi-
tateurs de leur maître : il finit par réaliser son
rêve et devint enfant de chœur. Les paroissiens
accouraient pour le voir, à l'église où il servait,
parce que, dit naïvement son premier biographe,
« on croyait voir un séraphin sous les traits d'un
enfant ».

Le démon, jaloux des enfants purs, tenta celui-
ci, que l'ennemi de l'humanité régénérée prévoyait
bien devoir être grand et puissant contre ses ruses.
Mais, l'adolescent savait, dit encore le même biographe, qu' « il faut mettre entre la chasteté et ce
qui peut l'altérer la plus grande distance possible
et semer dans le chemin qui conduit à la sensua-
lité les épines de la pénitence ».

Jeunes hommes qui m'entendez, écoutez ce que
fit l'instituteur de vos maîtres. Ecoutez sans fré-
mir, si vous le pouvez. Pour dompter les révoltes
qui l'affligent, le voyez-vous qui s'arme, encore
tout pâle des faiblesses de l'adolescence, des instru-
ments de la torture qui fait les chastes ! « Il faut,
dit-il, qu'il en coûte du sang à l'âme... et que le

cœur se déchire souvent, pour réussir à éteindre les instincts des sens. » A ce prix, mais à ce prix seulement, il participait à la pureté des esprits célestes, et, pour cela, il sembla dès lors en avoir tous les charmes. Oh! qu'elle est belle la race des jeunes anges de la terre qui vivent, comme le jeune adolescent de Reims, dans un corps mortel et fragile, à la façon des immortels et des incorruptibles !

Seule la pureté engendre les grandes œuvres. Rien ne germe dans les marais, rien de grand ni de beau ! Petit enfant de chœur, sage adolescent, jeune clerc de la sainte Église de Reims, pieux bénéficier de sa cathédrale, courez, volez à l'autel du Dieu qui réjouit la jeunesse pure, entrez au séminaire où l'on dompte la chair pour essorer les âmes. Parce que vous êtes comme un ange dans un corps, il vous sera révélé de grands secrets, inconnus à la foule et Dieu, sur votre âme docile, inclinera doucement son vouloir suprême pour vous amener là où votre esprit et votre chair mortifiés vous auront rendu digne d'opérer le grand œuvre, pour lequel vous avez été marqué de toute éternité.

Dès le séminaire, en effet, Jean-Baptiste de la Salle eut la révélation, d'abord confuse, que le ciel l'inclinait vers ces enfants du peuple qui, « n'ayant que des écoles méprisées ou délaissées, languissaient tristement dans une ignorance désastreuse, source honteuse de corruption et de désordre. »

Mais, pour cette vocation encore indécise dans la pénombre d'un horizon lointain, il fallait, sur ce terrain vierge, les initiations d'une grâce de choix, laquelle, comme les chênes, croîtra lentement mais sûrement dans ce sol si bien purifié par le soc douloureux de l'austérité et de la mortification personnelle.

« Ceux qui connaissent l'esprit de Saint-Sulpice, dit l'historien déjà cité, savent qu'on s'y attache plus à faire des saints qu'à les préconiser. »

L'humble séminariste s'en trouva si bien, cette méthode sulpicienne répondait si parfaitement à sa soif de perfection et à sa faim de renoncement qu'il s'y rendit merveilleusement maître de ses sens, maitre de sa volonté, au point que, se relevant de ce prie-Dieu où ses genoux reposaient sur des cailloux aigus et ses mains sur des épines, il put confier ingénûment, un jour, aux guides de sa conscience, que, maintenant qu'il ne s'appartenait plus, si on le jugeait bon, il monterait joyeuse- à l'autel de l'holocauste qui fait les cœurs de prê- tre, et à l'autel du sacrifice où le même Jésus, qui a appelé à lui les enfants et placé sur son cœur les jeunes hommes dignes d'écouter battre la poitrine de leur Dieu, s'immolerait entre ses mains pour le salut de la jeunesse, vers laquelle il se sentait attiré.

III

Jean-Baptiste de La Salle, chanoine de Reims, devenu prêtre, trouvait, dans une stalle voisine de la sienne, un collègue, à peine son ancien par l'âge, son frère par la conformité des sentiments, son père et son guide par la confiance que le jeune prêtre ne tarda pas à vouer à ce voisin digne de lui. Or, le chanoine Rolland — c'était le nom de ce collègue — disait souvent au chanoine de La Salle :

— Dieu vous appelle à établir des écoles chrétiennes.

Cet ami mourut jeune, et, sur le point de mourir, il recommanda à l'élu, en qui son regard prophétique discerna le premier cette vocation, « l'amour des jeunes âmes rachetées par Jésus-Christ ».

Chose étrange ! la nature n'inclinait point le futur instituteur à ce ministère. « Ce dessein, avouait-il plus tard ingénument, bien qu'on me l'eût inspiré plusieurs fois, n'avait pu entrer dans mon esprit. » Même, lorsque, le 24 juin 1680, il prêtera son concours à un premier établissement de ce genre, il le confesse encore, s'il eût pensé que ce concours se fût changé en devoir permanent, il l'aurait abandonné.

C'est que Dieu voulait briser tout ce qui ne serait pas Lui et Lui seul dans l'œuvre de sa providence. Rien d'humain ne devait entrer dans les fondements tout divins de votre Institut, ô Frères des écoles de M. de La Salle. Votre fondateur l'avait appris de bonne heure, par ce sublime jeu de mots que des esprits irréfléchis et légers trouveront puéril et vulgaire : S'il eût voulu vous « fonder, » comme on le lui dit un jour, de la part même de Dieu votre vrai et seul fondateur, il ne serait parvenu qu'à vous « fondre ».

Aussi, quand l'heure providentielle eut sonné, « la nature alarmée, dit son historien, sentit en lui de graves répugnances ; sa raison humaine et son esprit naturel se révoltèrent. » Marchez donc, ouvrier sublime, entrez dans la voie des renoncements, des immolations, du sacrifice entier, complet, absolu de vous-même. A ce prix, mais à ce prix seulement, vous ferez l'œuvre de Dieu.

Le courageux ouvrier le fit et, surmontant toutes ses répugnances personnelles, brisant tous les obstacles du dedans et du dehors, il installa dans son noble hôtel les premiers maîtres d'école de sa façon, ou plutôt de la façon que Dieu les voulait.

On lui disait :

— En vous associant à ces hommes de rien, vous imprimez une tache à votre famille !

On lui disait encore :

— Vous vous rendez ridicule. Dans toute la ville, on vous raille !

Les siens, qu'il aimait tant, s'enfuirent loin de lui, laissant son cœur qui saignait de cet abandon, le plus douloureux de tous. Il marcha sur son cœur pour le faire taire, et « ce fut merveille, car il gagna ainsi le cœur de ses humbles compagnons et s'en fit donner la clef pour en ouvrir la porte à Jésus-Christ. »

Pour lui, quand les larmes l'étouffaient et que tout son être meurtri, crucifié, criait sous l'effort de l'immolation, il se jetait à genoux et, le cœur en haut, il répondait à son propre cœur :

— C'est pour la plus grande gloire de Dieu, le plus grand service de l'Eglise, ma perfection et le salut des âmes.

Avec ces quatre pensées il transforma sa vie et, quand il mourra, cette même quadruple visée suffira pour l'héritage spirituel de ses enfants.

Et pourtant, ce n'était point là tout l'holocauste. Il était riche selon le monde, Dieu le voulait pauvre. Dieu se servit de ses propres disciples pour le lui faire entendre.

— Si notre père allait mourir, se disaient-ils entre eux, qui prendrait soin de nous ?

Jean-Baptiste de La Salle comprit tout à coup que, pour prêcher à ses disciples la confiance aux promesses évangéliques, il devait se dépouiller et se faire pauvre comme eux. Il se dépouilla de son titre et des revenus qui y étaient attachés. Puis, réfléchissant à la parole du Maître, il la prit au pied de la lettre, et, sans rien réserver à son propre institut, il vend tout son bien et le distribue aux pauvres. Alors, ô folie que ne saurait entendre l'homme terrestre, on le vit, « plus misérable que ceux qu'il avait nourris, demander à son tour l'aumône de maison en maison ».

Comme autrefois le séraphique pauvre d'Assise, quand il en fut réduit à cette indigence volontaire, il s'en alla, joyeux et libre, se prosterner devant le Dieu qui lui en avait inspiré le dessein pour le rendre semblable au Crucifié du Golgotha, dépouillé de tout sur sa croix, même de l'humble tunique que sa mère avait tissée pour Lui. Tandis qu'il priait ainsi, la joie au cœur, dans l'extase de son crucifiement, deux de ses amis passèrent près de lui. L'un d'eux dit à l'autre :

— Priez pour M. de La Salle, qui perd l'esprit.

Un rayon d'en haut tomba sur l'autre, qui répliqua aussitôt :

— Vous dites bien, il perd véritablement l'esprit ; mais c'est l'esprit du monde qu'il perd, pour se remplir de l'esprit de Dieu.

Un tempérament délicat, habitué par sa naissance aux recherches d'une table jusque-là abondante et soignée, lui causait une invincible répugnance pour les mets grossiers que mangeaient les frères.

« Le cœur lui bondissait, raconte un témoin oculaire, et sa main tremblante qui portait la cuiller dans l'assiette ne pouvait la retirer ». Parvenait-il à vaincre ce dégoût, son estomac se révoltait et ses disciples, attristés, le conjuraient avec larmes, disant : « Ne nous forcez pas à vous servir ce qui fait votre supplice et plus encore le nôtre ». Vous ne me permettriez peut-être point, auditeurs chrétiens, de vous dire à quel prix le courageux mortifié parvint à se vaincre. J'aime mieux dès lors reporter votre admiration sur le reproche naïf que lui fait un historien, bon Champenois, et à ce titre juste appréciateur des vignobles de son pays, qui s'étonne, avec une touchante candeur, non point tant de la nourriture grossière que l'abbé de la Salle parvint à avaler, que de l'abstinence qu'il s'imposa en fait de breuvage, car, dit-il naïvement, tout le monde le sait, « Reims est la ville de France où le vin est en plus grande abondance et le plus excellent ».

L'héroïque instituteur pouvait maintenant parler de renoncement et d'immolation. Son exemple avait prêché déjà, et bien plus éloquemment que ses lèvres.

Raillait-on leur costume, humble et pauvre ? Tournait-on en dérision leur manière de vivre ? Les couvrait-on d'outrages ? — car l'habitude date de loin et les premiers compagnons de votre fondateur, mes chers Frères, en ont été abreuvés avant vous. — Mais, écoutez la réponse que la contagion de son héroïsme leur dictait, à ses devanciers, vos modèles et vos maîtres :

— Moi aussi, s'écrie l'un d'eux, je veux qu'on m'insulte : la cause est belle. Je serai frère.

Et il abandonna une position brillante dans le monde pour partager la vie de ces insensés selon le monde, que le monde raillait comme il a raillé notre divin Maître et son parfait imitateur, Jean-Baptiste de la Salle.

Quels temps, mes Frères, que ceux de vos origines ! Quelle ferveur ! Comme ils couraient gaiement dans la voie du Calvaire, ces premiers Frères qui quittaient tout pour suivre Jésus-Christ, leurs amis, leurs parents, l'air natal, ce doux air qui reste au fond du cœur de l'homme comme un premier et un dernier amour. Ah ! c'est que leur père à tous le leur avait dit : « L'air natal des Frères des Écoles Chrétiennes, c'est le paradis ! »

Le paradis ! c'est là qu'ils vivaient tous, comme le témoignait ce même jeune Frère dont je parlais tantôt, qui, interrogé pour savoir comment, pendant une maladie de son compagnon, il parvenait à faire lui seul la besogne des deux, tout en soignant le malade : — « C'est bien simple, répondit-il, j'ai le pied droit dans une classe, le pied gauche dans une autre, l'esprit avec le malade et le cœur au ciel ».

Comme on allait joyeusement, au milieu de privations de tout genre ! « La grotte du Sauveur naissant n'était pas plus pauvre que leur maison. » Le vent, la neige, la pluie faisaient rage à travers les fenêtres mal jointes, les vitres cassées, les fentes et les crevasses. — Vous n'êtes donc pas les premiers à habiter une pauvre demeure, chers Frères de La Ciotat ! — « A leur réveil, les Frères voyaient leur haleine épaissie et gelée sur le drap qui la recevait, et qui était raide comme une planche. » Dans le jour, les novices eussent été bien empêchés de s'approcher du feu, car il n'y en avait point. Au dire des historiens, la discipline « était le seul moyen qu'ils eussent pour se réchauffer ». On en usait largement. « Le bruit des disciplines retentissait partout, disent les mémoires, mais les oreilles y étaient accoutumées, et on n'y faisait plus attention. » Bienheureux du moins, quand, après une classe laborieuse, ils trouvaient au réfectoire la hotte du frère cuisinier — une sinécure que cet emploi de cuisinier — garnie de quelques restes abandonnés au quêteur par une communauté charitable. Dans le trajet souvent, il arrivait aventure à la hotte du frère, qui rencontrait parfois sur sa route de pauvres gens « heureux de trouver un dîner tout prêt ». En ce cas, M. de la Salle disait les Grâces aussitôt après le *Benedicite*, et, le soir, on prenait un repas qui servait « de dîner et de souper à la fois ». Un jour, on trouva sur la table, pour tout aliment, un petit morceau de pain noir. Le bien-heureux père, souriant, se mit à le couper en minces parcelles et le donna aux frères, sans en vouloir prendre pour lui. Mais, pas un n'osa toucher à son morceau ; ce qui obligea le bon père à s'en réserver une petite part. Alors, dit le gracieux narrateur, les frères firent comme lui, n'en prirent qu'un peu, et il y eut du pain de reste.

On dirait une page de la Légende dorée ou des *Fioretti* du bon saint François, égarée dans un livre moderne. Et pourtant, on était alors en plein siècle de lumière et de raison, car, demain, c'est Voltaire qui sera roi des esprits dans la France incrédule !....

IV

Je m'attarde peut-être avec trop de complaisance sur ces doux souvenirs. C'est qu'il y a, ce me semble, un charme infini à surprendre ainsi le père au milieu d'enfants dont « il possédait les cœurs » ; à voir comment « les jeunes gens, comme de tendres arbrisseaux, prenaient les plis que sa main lui donnait ; » à sentir battre sous sa main tendre et ferme tous ces cœurs, pour lesquels « le génie de M. de la Salle avait enfin résolu le problème d'inspirer aux enfants du peuple le respect de la discipline et le goût des études utiles. »

Et cependant, cette complaisance, le Bienheureux ne la partageait point.

Chose étrange, mes Frères, que la folie des saints ! Ils ont d'autres pensées que le monde, et les saints fondateurs agissent à l'envers des fondateurs ordinaires.

On conjurait Ignace de Loyola, sur la fin de sa vie, de demander au Seigneur Jésus une grâce insigne pour sa Compagnie. Il demanda que la Compagnie fût toujours persécutée, et vous savez si le saint a été exaucé. De même, le Bienheureux de la Salle. Quand tout semblait lui réussir, « le contentement n'était pas dans son cœur. » De fait, il manquait alors à son œuvre le signe mystérieux de la croix. Dieu l'exauça. Il s'arma du divin ciseau qui sculpte les pierres élues pour soutenir les grandes assises de son royaume, qui est l'Eglise sur terre et la Jérusalem céleste au sein de l'éternité. Il fut permis au démon, jaloux de cette œuvre nouvelle, de la cribler, de poursuivre son héros, comme autrefois le juste de l'Idumée.

Alors commença cette odyssée de persécutions, telle que peu d'hommes en ont connu de pareilles depuis le Sauveur Jésus. Ballotté en tous sens, méconnu et délaissé de ceux-là même qui l'avaient appelé avec le plus d'instances, errant d'un quartier à l'autre, aujourd'hui forcé de fermer ses écoles pour les rouvrir demain, repoussé de ville en ville, victime des trahisons les plus douloureuses et des injustices les plus crucifiantes, accablé de procès qu'il perd toujours, — car, comme l'a dit spirituellement l'éloquent évêque de Nîmes, il n'a gagné qu'un seul procès qui soit digne de lui, c'est celui de sa béatification, — déposé par un prélat janséniste, remplacé par un étranger à l'Institut, il a connu cette suprême douleur d'être méconnu par ceux-là même qu'il aimait et vénérait le plus, au point que, la veille de sa mort, son évêque, égaré par de faux rapports, prononça sur le saint prêtre l'interdit sous lequel il devait expirer, heureux d'être ainsi frappé et anéanti par la main qu'il ne cesse point pour cela de baiser avec amour, parce qu'elle achève d'accomplir en lui l'œuvre de la destruction totale de son être, sur laquelle seule l'architecte suprême voulait bâtir l'indestructible édifice que nous possédons.

Un jour, le vent qui souffle sur les exilés le poussa sur nos rivages. Il vint à Marseille, où Belsunce, cet autre grand calomnié, lui ouvrit ses bras et le pressa sur son cœur. Mais, là aussi, la haine des sectaires, qui avaient espéré en lui pour lutter avec eux contre l'immortel héros de la vérité catholique, vint à la traverse de son repos, en entravant ses fondations et en étouffant, comme des méchants, ses plus chères espérances dans le nid calme et doux qu'il croyait leur avoir trouvé, à l'ombre du trône épiscopal de Belsunce.

C'est alors, ô mes compatriotes, que, pour la première fois, notre ville se tourna vers le Bienheureux et son Institut. Nos archives en conservent le vestige, malgré le soin jaloux avec lequel l'homme ennemi s'efforça de l'effacer au siècle dernier. La Ciotat et le curé Fabre voulurent avoir des Frères pour instituteurs de la jeunesse ciotadenne : le jansénisme, tout-puissant dans les conseils de la cité et dans les rangs de ceux qui faisaient l'opinion, parvint à leur barrer le passage. En vain les vrais amis de l'enfance tentèrent-ils, à reprises diverses, de fournir du pain aux pauvres petits qui le demandaient : la secte barbare le leur refusa. Il fallait qu'une sanglante Révolution balayât tous ces orgueilleux obstinés et préparât, par un dessein merveilleux de la Providence, dans la vente même des biens d'Eglise, le moyen d'avoir enfin une école chrétienne chez nous. Un pieux chanoine, jeté par la tourmente révolutionnaire sur nos rivages hospitaliers, qu'il édifia longtemps de son zèle et de ses vertus, M. Ducluzeau de Chabreuil, en mourant, léguait une pierre pour cette fondation. Cette pierre n'était pas celle que Dieu avait marquée. Elle fut fournie par l'homme de bien, à qui La Ciotat reconnaissante garde un souvenir immortel, M. André Besson. Il avait trouvé, dans l'héritage paternel, plusieurs domaines que la Révolution y introduisit au jour de la vente des biens dits nationaux. C'est avec ces dépouilles opimes de la grande lutte entre le bien et le mal, entre l'Enfer et l'Eglise, que Dieu voulait fonder notre Ecole et amener dans notre port, qui tressaillit d'aise en la voyant, l'humble robe de nos chers Frères, les fils du Bienheureux Jean-Baptiste de la Salle.

Demeurez-y avec joie, ô mes chers Frères des Ecoles chrétiennes : la houlette protectrice du digne successeur de Belsunce vous garde; le zèle généreux du curé de cette paroisse vous abrite dans la tempête; l'amour des enfants et la confiance des familles semblent s'unir, comme en un suffrage universel dont témoigne la présence émue de vos anciens élèves, pour vous faire un rempart qu'on ne renverse point, soyez-en sûrs, pas plus que la persécution ni la souffrance ne renversèrent votre bienheureux fondateur.

Il était debout, lui, lorsque la mort vint, et, aux prises avec le mal qui devait finir son héroïque existence, rien ne put le retenir sur le lit où il gisait, quand il entendit l'approche des pas de son Maître, qui venait fortifier et consoler le soir de sa vie comme il en avait réjoui le matin. Debout, il vola au-devant de ce viatique suprême, et, debout, il mourut, dans le baiser du Seigneur !

V

A un siècle et demi de ce jour qui couronna sur terre la longue et généreuse vie du bienheureux, sur la place publique, à Rouen, témoin de son héroïsme, on dressa une statue, auprès de quatre autres images glorieuses qui rappelaient à la capitale normande ses autres gloires passées : Napoléon, Corneille, Boïeldieu et Jeanne d'Arc.

Un grand poète passa au pied de ces statues rivales, au jour où l'on inaugurait celle du fondateur des écoles chrétiennes. Il entendit Boïeldieu demander si c'était là l'image d'un de ces hommes inspirés dont les chants retentissent « comme le cri d'un Dieu ? » Corneille dit à ce frère inconnu : « Quel est ton *Cid* ? » Jeanne d'Arc s'informa si celui-là avait aussi « chassé l'Anglais ». Napoléon interrogea fièrement pour savoir de quels bronzes de guerre on avait fondu la statue nouvelle.

Et le poète entendit celle-ci qui répondait :

— J'appris à lire à de petits enfants,
J'étais un simple prêtre, et mon nom est La Salle,
J'eus pour seuls ennemis l'ignorance fatale,

La paresse, l'oubli du devoir et de Dieu.
Ainsi, j'ai fait du bien aux hommes, mais trop peu ;
Ce qu'ils doivent au soin que de tous j'ai su prendre,
C'est de vous mieux connaître et de vous mieux comprendre,
Poètes ou héros : sans moi, Napoléon,
Plus d'un homme aurait peine à déchiffrer ton nom ;
Plus d'un ne pourrait pas lire tes vers, Corneille ;
Mais pourquoi ma statue à la vôtre est pareille,
Je me l'explique mal, et l'on pouvait choisir
Plus d'un grand homme à qui ce bronze eût fait plaisir !

Et, aux applaudissement du peuple qui l'écoutait, le poète répliqua :

Tu te trompes, héros du travail populaire,
Le vrai maître du monde est celui qui l'éclaire,
Et César, qui, d'un geste auguste et souverain
Porte le glaive d'or ou le sceptre d'airain,
N'est pas plus grand, aux yeux du poète et du sage,
Que ce prêtre arrêtant deux enfants au passage
Et leur montrant, avec un regard paternel,
D'une main un vieux livre et de l'autre le ciel !

Eh ! oui, mes Frères, « le vieux livre et le ciel ! »
Voilà les deux trophées du triomphateur, dont « les
restes sont aujourd'hui des reliques » et dont l'héroïsme, victorieux du monde et de l'enfer, monte
enfin, par l'ordre infaillible d'un grand pape, sur
les autels sacrés, au pied desquels douze mille
frères et quatre cent mille enfants, sur les points
les plus lointains du globe, sont venus tour à tour

jurer de rester fidèles à ces deux grandes choses, qui firent l'ambition du béatifié de Léon XIII : le vieux livre et le ciel. Le vieux livre, le livre par excellence, que ce héros défend aux enfants et aux maîtres de jamais laisser sortir des mains de l'écolier, l'humble et vieux catéchisme qu'il s'agit avant tout de savoir lire et d'aimer, parce qu'il fait les grands chrétiens et les grands citoyens.

O Bienheureux instituteur de nos frères, ô sublime maître d'école, enseignez nos enfants, protégez-les, sauvez-les, par le vieux livre d'abord, qui en apprend le chemin, puis, par votre esprit planant sur les maîtres et les écoliers, pour les conduire, par le livre, jusqu'au ciel, où vous êtes aujourd'hui d'autant plus puissant et plus écouté, que Dieu récompense en vous l'ouvrier fidèle et le docile instrument de ses miséricordes infinies sur le monde !

Ainsi soit-il.

LYON. — IMPRIMERIE VITTE ET PERRUSSEL, 30, RUE CONDÉ.

29